PIERRE MONFALCONE & ANDRÉ CASTELIN

LA PREMIÈRE BATAILLE
FRANCO-ALLEMANDE

LE 18 AOUT 18..

RÉPONSE A LA BROCHURE : Die erste Schlacht im Zukunftskriege

Par le GÉNÉRAL ✶*✶ ...

COMMENTAIRES SUR LA PROCHAINE GUERRE

THÉORIES TACTIQUES

DU GÉNÉRAL BOULANGER

(AVEC UNE CARTE)

PARIS

DENTU ET Cⁱᵉ, ÉDITEURS

LIBRAIRES DE LA SOCIÉTÉ DES GENS DE LETTRES

PALAIS-ROYAL, 15-17-19, GALERIE D'ORLÉANS

PIERRE MONFALCONE & ANDRÉ CASTELIN

LA PREMIÈRE BATAILLE
FRANCO-ALLEMANDE

LE 18 AOUT 18..

RÉPONSE A LA BROCHURE : Die erste Schlacht im Zukunftskriege

Par le GÉNÉRAL *** ...

COMMENTAIRES SUR LA PROCHAINE GUERRE

THÉORIES TACTIQUES

DU GÉNÉRAL BOULANGER

(AVEC UNE CARTE)

PARIS

DENTU ET Cⁱᵉ, ÉDITEURS

LIBRAIRES DE LA SOCIÉTÉ DES GENS DE LETTRES

PALAIS-ROYAL, 15-17-19, GALERIE D'ORLÉANS

1887

PRÉFACE

Il y a quelques jours, paraissait en Allemagne une brochure due à la plume d'un officier supérieur du grand état-major allemand.

Cette brochure, intitulée : *Die erste Schlacht im Zukunftskriege,* produisit une certaine émotion en France, autant par la prétention de l'auteur qui y démontrait mathématiquement comment et où les Français seront battus dans leur première rencontre avec les Allemands, que par les renseignements de tactique pure qu'elle contenait à l'appui de cette prétention.

Cet article fut commenté par un des grands journaux de la presse parisienne.

En Allemagne, l'émotion qu'elle causa fut encore plus considérable. Tout le monde y reconnut les idées personnelles de certains officiers supérieurs du grand état-major et en particulier du général von Waldersee, l'élève et successeur du comte de Moltke. Nous avons pensé faire notre devoir de patriotes en livrant à la méditation des officiers et du public les passages les plus saillants de cette brochure.

Nous les avons fait suivre d'une réfutation critique, faite par un *officier supérieur d'état-major français*, ancien élève de notre école supérieure de guerre, dont le talent égale la modestie.

Ce travail représente l'ensemble des notes qu'il nous a données sur ce sujet si passionnant, sans se douter qu'elles étaient destinées à la publicité.

Après les avoir parcourues, nous avons été pleinement réconfortés. C'est dans le but de donner à nos compatriotes la même sécurité et la même confiance dans la force et la virilité de notre jeune armée que nous les exposons ici.

Notre ami nous reprochera peut-être notre indiscrétion, mais nous aurons la satisfaction d'avoir fait œuvre utile à notre patrie.

D'un autre côté, les commentaires qui suivent la réfutation exposent, *d'après* un *document que nous citons*, document remontant à quelques années, l'opinion tactique du général Boulanger, notre ministre de la guerre, vers lequel sont tournés actuellement les regards de l'Europe entière.

INTRODUCTION

L'auteur de la brochure allemande : *Die erste Schlacht im Zukunftskriege*, relate les péripéties de la journée du 18 août 18.., sous forme de lettres à un ami, le soir même de la bataille. Il lui écrit :

« Aujourd'hui a eu lieu le premier choc, avant que je ne le pensais.

« L'ennemi avait la meilleure position qui se puisse imaginer, les deux flancs protégés par des bois impraticables ; au centre, une hauteur montant légèrement en cône, qui offrait une ligne de tir d'une largeur de près de 2 kilomètres... et le soir, à 7 heures, cette position était aux mains des Allemands. Cela n'arriva pas par suite de la supériorité numérique des Allemands sur les Français, loin de là. Ceux-ci comptaient au moins 18 bataillons, 8 batteries et 30 escadrons, et n'avaient contre eux que le 1er corps allemand renforcé par une division indépendante de cavalerie. Quel succès! Que devient alors l'invincibilité des positions défensives, lorsque de pareilles positions sont enlevées dans de semblables conditions?

« Et cependant les choses ont suivi un cours naturel, sans pertes exagérées, du moins autant que je puis en juger jusqu'à présent. »

. . . .

Cette prétention de battre les Français, *partout et quand même,* est passée à l'état de dogme en Allemagne, surtout parmi la classe la plus intelligente, et n'est pas sans offrir une grande analogie avec ce qui se passait en France avant 1870. Quelque douloureux que soient ces souvenirs, qui de nous ne se rappelle la confiance aveugle que possédaient nos troupes en leur supériorité sur l'ennemi?... Aussi combien grande fut la déception!

L'avenir réserve peut-être la même chose à l'Allemagne, malgré tout ce que l'on y tente pour maintenir à niveau la foi du soldat en la supériorité de l'armée allemande sur l'armée française, dans laquelle l'auteur a, sans doute, puisé l'inspiration de sa brochure.

Du reste, l'opinion généralement admise par

l'état-major allemand est qu'il faut, dès les premiers jours de la déclaration de la guerre, frapper un grand coup qui, par la hardiesse de sa conception et la vigueur des mouvements de troupes, frappera l'imagination de l'armée française et portera la démoralisation dans ses rangs; car on se rend compte, de l'autre côté du Rhin, des excellentes qualités de notre nouvelle armée, pleine d'enthousiasme, de courage et d'esprit de sacrifice.

Ces préliminaires posés, je résume ci-dessous aussi exactement que possible les développements que l'auteur de *Die erste Schlacht im Zukunftskriege* donne à la description de sa *Première Bataille*.

(*La traduction proprement dite suit ce résumé.*)

« Un corps d'armée allemand, avec une division de cavalerie indépendante, est cantonné à Preutin et Landres (1re division), Xivry et Saint-Supplet (2e division); il occupe avec sa cavalerie Haucourt et Réchicourt en avant de son front; la division de cavalerie indépendante est, avec un bataillon de chasseurs, à Saint-Pierrevillers.

Ces cantonnements forment un front de 14 kilomètres environ le long de la grande route de Briey à Longuyon, face à la petite rivière de l'Othain qu'occupent les troupes françaises et dont les Allemands comptent forcer le passage le lendemain, 18 août 18... Le centre de cette ligne est à 8 kilomètres à peine des Français.

Trois routes se présentent pour marcher à l'ennemi :

1° Preutin, Domprix, Houdelaucourt ;

2° Saint-Supplet, Ollières, Spincourt ;

3° Saint-Supplet, Saint-Pierrevillers, Nouillon-Pont.

Les deux premières franchissent l'Othain à Houdelaucourt et Spincourt et se réunissent, presque aussitôt après, à Vaudoncourt, d'où leur tronçon commun gagne Billy-sous-Mangiennes. La troisième atteint ce même point de Billy en traversant l'Othain à Nouillon, à 4 kilomètres au-dessous de Spincourt.

Le 18 août au matin, le corps allemand se porte en avant sur trois colonnes.

Au nord, la division de cavalerie marche sur Nouillon-Pont, qu'elle occupe vers midi. Les défenseurs du village, après avoir reçu quelques coups de canon, se retirent sur Muzeray, suivis par toute la division et le bataillon de chasseurs qui l'appuie.

La colonne de gauche (1re division et artillerie de corps) se porte, par Domprix, sur Houdelaucourt ; celle du centre (2e division), sur Spincourt.

Houdelaucourt est assez faiblement occupé par l'adversaire, pour que le déploiement d'un bataillon d'infanterie de l'avant-garde et des quatre batteries de la première division qui suivent suffise à le faire évacuer. Du même coup, les Français abandonnent non seulement la rive droite de l'Othain, mais aussi la rive gauche, le ruisseau du Vieux-Moulin et les fermes de Huarde et de La Folie. Ils se retirent sur la ligne Muzeray-bois Le Prêtre où ils ont préparé des retranchements et où leur artillerie, presque tout entière, demeure immobile, se contentant de canonner (à 3,500 ou 4,000 mètres) les troupes allemandes qui franchissent les cours d'eau. Seul, Vaudoncourt reste encore occupé.

Les postes avancés de la position française sont donc médiocrement disputés. Vers midi, les Allemands, maîtres des passages de l'Othain, commencent de pousser leurs têtes de colonne sur la rive gauche.

La situation est la suivante :

Les Français sont établis sur leur position définitive, la gauche au village de Muzeray, avec un crochet défensif face au bois de Warpremont, la droite au bois de Muzeray, se prolongeant jusqu'à la lisière nord du bois Le Prêtre. Ils tiennent Vaudoncourt comme avancée.

Les Allemands ont leur division de cavalerie indépendante vers Nouillon-Pont, passant l'Othain et refoulant sur Muzeray ce qu'elle a devant elle.

La 2ᵉ division (au centre) occupe Spincourt qu'elle n'a pas dépassé ; son artillerie est au nord-ouest du village, le long du ruisseau, battant le terrain entre Vaudoncourt et le bois de Muzeray ; le régiment de cavalerie divisionnaire est sur la route, entre Spincourt et Nouillon. Pas un homme n'est encore sur la rive gauche de l'Othain.

La 1re division (colonne de gauche) tient par un régiment d'infanterie les fermes de Huarde et de La Folie ; un deuxième régiment vient de franchir l'Othain ; la 2e brigade tout entière est massée en arrière de Houdelaucourt. Toute l'artillerie de la colonne (4 batteries divisionnaires et 8 batteries de corps, soit 72 pièces) est sur le mamelon à l'ouest de Houdelaucourt, à cheval sur la route de Vaudoncourt, à 1,500 ou 1,800 mètres de ce village, sur lequel elle pourra croiser ses feux, car sa ligne affecte la forme d'une tenaille. La gauche de cette grande batterie a pour soutien le régiment de cavalerie de la 1re division qui s'éclaire vers Gouraincourt, lequel n'est pas occupé par l'ennemi, et le bois Le Prêtre qui est reconnu comme « impraticable ».

Le commandant du corps d'armée est avec l'artillerie de corps.

Toutes ces dispositions préparatoires des Allemands ont pu être prises sans être troublées, sérieusement du moins, par l'ennemi, que la vue de l'artillerie semble avoir suffi à déloger de toutes ses avancées. La lutte va maintenant s'engager.

Avant d'aborder la ligne française, deux résultats préliminaires doivent être obtenus par l'assaillant : d'abord, la mise hors de combat, ou du moins le silence de l'artillerie de la défense, de manière à permettre de porter en avant l'infanterie allemande jusqu'à la distance où son tir deviendra efficace; ensuite l'occupation de Vaudoncourt qui formera le point de départ de l'attaque de la position ennemie proprement dite. L'un et l'autre de ces programmes vont se réaliser facilement grâce à la grande batterie du mamelon.

Celle-ci ouvre à 3,000 mètres son feu sur les canons français qui sont soit entre le bois et le village de Muzeray, soit à l'ouest de Vaudoncourt. *En une demi-heure*, le feu des Français est éteint. Les pièces allemandes prennent alors pour objectif le village de Vaudoncourt, que les Français ne tardent pas à évacuer. « A 2ʰ,20, le village tombait entre les mains du 1ᵉʳ régiment comme un fruit mûr. »

La 1ʳᵉ brigade d'infanterie se déploie alors à l'ouest de ce village, à cheval sur la route qui monte au bois de Muzeray ; les deux régiments sont à côté l'un de l'autre. Les quatre batteries de la 1ʳᵉ division se portent à leur gauche, un peu en arrière ; l'artillerie de corps à leur droite, un peu en arrière aussi, en franchissant les deux bras du ruisseau du Moulin.

La 2ᵉ division débouche alors de Spincourt et

déploie une brigade, la 3e, à droite et à hauteur des 1er et 2e régiments (1re brigade), son artillerie, dans l'intervalle, à hauteur des batteries de corps, ayant derrière elle comme soutien le régiment de cavalerie.

Les quatre escadrons de la 1re division ont suivi le mouvement général en avant et gagné la lisière du bois Le Prêtre.

Le mouvement des 48 pièces de l'artillerie de corps, des 24 de la 2e division, des deux régiments d'infanterie (3e brigade), du régiment de cavalerie de la 2e division, enfin, s'effectue de la gauche à la droite du champ de bataille, sur une étendue moyenne de 2,500 mètres, en franchissant l'Othain, puis deux ruisseaux moins importants, presque parallèlement à la position ennemie dont l'artillerie, qui s'est de nouveau démasquée, n'est qu'à 1,800 mètres et occupe des emplacements de 15 à 20 mètres plus élevés que le terrain que parcourt l'ennemi.

La division de cavalerie indépendante continue à s'avancer vers Muzeray, en appuyant sa droite au bois de Warpremont ; son bataillon de chasseurs est à cheval sur la route Nouillon-Muzeray.

Rappelons d'abord que la ligne française est garnie de retranchements et laissons la parole à l'auteur allemand. (*Préparation de l'attaque d'infanterie*.)

. . . .

Contre-attaque de la défense. — A ce moment, l'artillerie française recommence le feu ; une masse de tirailleurs s'élancent du bois de Muzeray et s'avancent par bonds vers Vaudoncourt, c'est-à-dire sur l'aile gauche des Allemands. Mais à 200 mètres de l'adversaire, privée de l'appui de son artillerie que les canons allemands réduisent à se taire, elle s'arrête et commence à tirer de pied ferme. Son élan est brisé et ne se renouvellera plus.

« Des colonnes de cavalerie française se jettent précipitamment dans la direction de l'artillerie allemande », masquées par la fumée. Aperçues à temps, le feu des tirailleurs suffit à les arrêter et elles se rejettent vers le bois Le Prêtre, poursuivies par le régiment de cavalerie allemande qui est de ce côté. Une nouvelle « colonne de cuirassiers » français se présente et, traversant les tirailleurs, arrive jusqu'aux batteries. Fusillés d'une part par les tirailleurs qui ont fait demi-tour, de l'autre par la 2⁰ brigade qui est en arrière et à gauche de l'artillerie, au sud de Vaudoncourt, les cuirassiers disparaissent. Mais l'infanterie française qui a tenté la contre-attaque a profité de ce répit et elle a regagné ses abris du bois de Muzeray.

Les Français sont donc définitivement rejetés dans leurs lignes ; leur infanterie est démoralisée par l'insuccès de la contre-attaque ; leur cavalerie a disparu ; leur artillerie est réduite encore une fois au silence ; il ne reste plus qu'à les expulser des positions qu'ils tiennent encore.

Ce ne sera pas beaucoup plus difficile que le passage de l'Othain ou la prise de Vaudoncourt. (*L'assaut.*)

. . . .

En même temps que la 2ᵉ brigade marche ainsi à l'assaut, les 1ʳᵉ et 3ᵉ prononcent une attaque de flanc (?) ; la réserve appuie l'ensemble du mouvement et dépasse Vaudoncourt.

Les Français sont abordés, ils ne peuvent résister à la poussée et sont rejetés hors du bois de Muzeray. Sur certains points, leurs débris se retirent « avec un semblant d'ordre » et cherchent à tenir sur une deuxième position préparée à l'avance, mais la brigade de réserve arrive ; l'artillerie de corps la suit et s'établit en travers de la route de Billy. La cavalerie paraît à son tour. Tout fuit y compris « la garnison de Muzeray formée de 3 bataillons de chasseurs et de 8 batteries montées ».

La poursuite commence et ne s'arrêtera qu'à la nuit aux abords de la forêt d'Azannes. »

Tel est l'exposé de « la première bataille de la prochaine guerre ».

LA PREMIÈRE BATAILLE

(D'APRÈS LE TEXTE ALLEMAND)

... Le 17 août, la veille de la bataille, notre corps était concentré dans la plaine de Mercy : la 1ʳᵉ division à gauche, de Landres à Preutin ; la 2ᵐᵉ division à droite, de Xivry à Saint-Supplet ; la cavalerie tenait Haucourt et Réchicourt.

La division de cavalerie indépendante était concentrée autour de Saint-Pierrevillers, après avoir chassé la veille la cavalerie ennemie de la plaine de Mercy.

Les six régiments de cette division étaient réduits à 2,000 chevaux, et cela après trois jours seulement de contact avec les Français ! mais toujours supérieurs à la cavalerie française, qui, ne pouvant plus tenir la campagne, avait dû se retirer derrière l'Othain, sous la protection immédiate de son infanterie.

Il y avait eu des combats très imposants entre régiments, mais je n'ai pu y assister. Je sais seulement que la brigade de cavalerie du corps d'armée, soutenue par un bataillon de chasseurs et une batterie à cheval, n'a pas peu contribué à nous donner la suprématie sur la cavalerie ennemie dans la soirée du 16 août.

Les renseignements que la cavalerie nous donnait le 17, furent très utiles pour la préparation des ordres pour la bataille. Les ordres de l'état-major furent d'une grande précision et les troupes prirent position avec un très grand calme. Elles ne pensaient pas que cela « commencerait » ce jour-là.

LES Ire ET 2e DIVISIONS MARCHENT JUSQU'A L'OTHAIN

PRISE DE HOUDELANCOURT ET SPINCOURT
LES DIVISIONS S'ÉBRANLENT

L'état-major se trouve avec la 1re division. Celle-ci quittait Domprix à 7 heures du matin. Derrière le régiment de tête, marche toute l'artillerie de corps.

L'avant-garde (3 bataillons du 1er régiment d'infanterie et 4 batteries d'artillerie divisionnaire) quitte en même temps Haucourt ; les quatre escadrons de la 1re division se trouvaient déjà sur l'Othain en éclaireurs. Notre cavalerie s'arrêtait devant Houdelaucourt et celle de la 2e division à Spincourt. Ces deux villages étaient occupés par l'infanterie française. L'avant-garde de la 1re division, qui marchait sur Houdelaucourt, reçut, vers 8^h,30, l'ordre de n'employer d'abord que son artillerie. Un ordre semblable fut donné à la 2e division, dont l'avant-garde quittait Ollières pour marcher sur Spincourt.

Le terrain devant ces deux villages était très favorable à l'artillerie. Spincourt et Houdelaucourt se trouvent dans la vallée de l'Othain, et les hauteurs en avant offraient des emplacements très avantageux.

Le régiment d'avant-garde déploya seulement un bataillon en travers de la route, à 800 mètres de Houdelaucourt, et conserva les deux autres en colonne, environ 400 mètres en arrière. Pendant ce temps, l'artillerie prit position à gauche de la route. Après un court combat, l'ennemi quittait le village. A droite, en arrière de Houdelaucourt, une batterie ennemie n'avait répondu que très peu de temps. De ce côté, donc, pas de pertes sérieuses.

Le régiment d'avant-garde traversait Houdelaucourt et le contournait, poursuivant l'ennemi jusqu'à l'Othain; les ponts étaient détruits, mais la rivière étant facile à franchir pour l'infanterie, la compagnie de pionniers de la 1re division en construisit quatre autres pour l'artillerie et la cavalerie en moins d'une heure.

Pendant ce temps, la 1re division s'avançait à l'est de Houdelaucourt (9^h,15) sans être inquiétée par l'ennemi dont elle ne pouvait être aperçue, parce que la route de Haucourt à Houdelaucourt n'est pas visible des hauteurs situées de l'autre côté de l'Othain. La 1re division avait pris ses positions à 11^h,30. Pour couvrir le passage de l'Othain, le régiment d'avant-garde avait franchi cette rivière dès 8 heures, et occupait la digue qui la longe depuis la route à l'ouest de Houdelaucourt jusqu'à Spincourt, avançant jusqu'à la ferme de Huarde et la ferme de La Folie, chaque fois avec un bataillon, en ouvrant le feu de l'artillerie et celui de l'infanterie à grande distance.

Le bataillon de réserve était resté à 400 mètres en arrière dans la plaine, exposé au feu de l'ennemi, bien qu'il se fût disséminé dans la prairie.

Un peu après 10 heures, Spincourt était également ment pris par le régiment d'avant-garde de la 2ᵉ division; un bataillon français s'était retiré avec de grandes pertes dans la direction de Houdelaucourt. Le feu violent ouvert par l'artillerie française des hauteurs de Muzeray rendait impossible toute marche en avant de Spincourt.

Pour combattre l'artillerie ennemie, les batteries de la 2ᵉ division prirent position en échelons entre la chaussée de l'Othain, au nord de Spincourt, mais furent très éprouvées par le feu des canons français placés plus avantageusement, quoique à une distance de 2,500 mètres.

Une amélioration ne se produisit que vers 11 heures, lorsque toute l'artillerie de corps put prendre position sur une tranchée près de Houdelaucourt.

La 2ᵉ division avait pris toutes ses positions vers midi derrière ses batteries, entre la chaussée et la ligne de chemin de fer.

Le régiment de cavalerie de la 2ᵉ division, moins un escadron, qui servait à maintenir la liaison avec la division de cavalerie indépendante, se tenait provisoirement à droite de l'artillerie.

Quant à la cavalerie de la 1ʳᵉ division, elle avait franchi l'Othain dès 10 heures à 2 kilomètres au sud de Houdelaucourt pour reconnaître Gouraincourt et le bois Le Prêtre ; elle ne rencontra que peu de cavalerie — un ou deux escadrons. Le bois Le Prêtre fut reconnu impraticable, et inoccupé par l'infanterie ennemie. Un peu après midi, la division de cavalerie rendit compte à l'état-major, qui était resté pendant l'action auprès de l'artillerie de corps, que Nouillon-Pont avait été canonné pendant une heure, et qu'elle traversait l'Othain, se portant sur Muzeray, où l'ennemi, composé d'un bataillon de chasseurs, de 6 ou 8 escadrons de cavalerie et d'une batterie d'artillerie, s'était retiré vers 11ʰ,30.

L'attaque de notre armée, le 18 août, me rappelle involontairement le mot de Napoléon Iᵉʳ : *On s'engage partout et on voit.*

Sur toute l'étendue du front ennemi, nos avant-gardes seules ont pris contact, soutenues par des forces considérables en artillerie. En arrière, le gros du corps d'armée attendait, prêt à agir avec toute sa puissance sur le point reconnu le plus favorable pour un succès définitif.

LE COMBAT DE L'ARTILLERIE

La justesse de coup d'œil et d'appréciation qui avait dicté les mouvements en avant des avant-gardes des deux divisions, qui ne cherchaient pas à *tout prix* à gagner du terrain, permit à l'artillerie de donner tout ce qu'on pouvait attendre d'elle dans cette journée du 18 août.

Pour la première fois, je vis toute l'artillerie d'une division (1re) marcher avec l'avant-garde. C'était l'exécution d'un ordre spécial du commandant en chef, comme je le sus plus tard. Cette composition de l'avant-garde permit de rejeter l'avant-garde française occupant Houdelaucourt de l'autre côté de l'Othain de la façon la plus simple, l'adversaire ayant été obligé de cesser la lutte à cause de notre supériorité en artillerie. Il en résulta que pas un homme ne fut blessé au cours de cette première opération.

Ce résultat est à noter. Quant à la 2e division, sa besogne fut plus difficile. D'après les ordres de l'état-major, les avant-gardes devaient préparer les passages de l'Othain simultanément à Houdelaucourt et Spincourt, en employant à cet effet toute leur artillerie.

Or, comme la 2e division n'avait pris avec son avant-garde qu'une batterie d'artillerie, il lui fallut plus longtemps pour déloger l'ennemi de Spincourt, parce qu'elle dut attendre l'arrivée des autres batteries restées avec le gros de la colonne.

MARCHE EN AVANT ET PRISE DE POSITION DE L'ARTILLERIE
DE CORPS

Aussitôt que le régiment d'avant-garde eut atteint les abris de terrain situés sur la rive gauche de l'Othain, l'artillerie se mit en mouvement en colonne serrée dans la prairie entre Houdelaucourt et la rivière, protégée par la digue. Dès que les quatre ponts jetés sur l'Othain furent prêts, elle traversa la rivière et arriva sur le terrain, où les batteries s'établirent à 100 mètres les unes des autres, cela simultanément. Ce fut un beau spectacle. L'aile gauche (les batteries montées) se trouvait près de la chaussée de Vaudoncourt ; l'aile droite, à 100 mètres au sud de Spincourt.

Toute la manœuvre fut exécutée avec un grand calme, calme d'autant plus à admirer, que la situation précaire des batteries de la 2ᵉ division au nord de Spincourt semblait exiger un appui immédiat. Plusieurs de ces batteries ne tiraient plus qu'avec quelques pièces.

A ce moment, toute l'artillerie fait feu contre les Français établis sur la hauteur du bois du Tremblois, situé encore à 3,000 mètres de distance. Après une demi-heure de combat, les batteries ennemies cessèrent le feu. La première partie du combat d'artillerie parut donc gagnée à midi et demi.

PASSAGE DE L'OTHAIN PAR LA Iʳᵉ DIVISION

L'artillerie montée avait, dès le commencement du combat, pris position et réduit au silence une batterie française placée au sud de Vaudoncourt. Mais lorsque l'artillerie de la 1ʳᵉ division prit position un peu avant midi, trois batteries ennemies ouvrirent un feu très vif sur ce groupe, dont les batteries arrivaient successivement. Ce ne fut qu'après trois quarts d'heure d'un feu concentré opéré par l'artillerie de la division et l'artillerie montée qu'il fut possible de faire taire les canons français.

BOMBARDEMENT ET PRISE DE VAUDONCOURT

Alors l'artillerie commença le feu contre Vaudoncourt; il était temps, car les détachements du 1ᵉʳ régiment d'avant-garde placés aux fermes de La Folie et de Huarde étaient très éprouvés par le feu à longue portée de la garnison de ce village. Les bâtiments de ces deux fermes avaient déjà été canonnés par l'artillerie française, et les bataillons allemands obligés de les évacuer. Le bombardement de Vaudoncourt ne donna de résultat qu'à plus de deux heures. Le feu du village cessa entièrement, et de petits détachements s'en éloignaient en désordre. Le village lui-même brûlait sur trois points. A 2ʰ,20, il tombait aux mains du 1ᵉʳ régiment comme un fruit mûr.

L'ARTILLERIE DE CORPS PREND POSITION
A 1,800 MÈTRES DE L'ENNEMI

Le 2ᵉ régiment qui, en soutien de l'artillerie, s'était établi à cheval sur la route de Vaudoncourt, fut aussitôt envoyé à la rescousse du 1ᵉʳ régiment dès la prise du village. Il développa un bataillon à droite de Vaudoncourt, ce qui permit à toute l'artillerie de corps de prendre position en échelons près du Mülbach (1,800 mètres du bois de Muzeray). Comme je l'ai dit, le feu de l'artillerie ennemie avait cessé dès midi et demi; mais pendant que notre artillerie prenait position, les pièces françaises recommençaient un feu très vif, qui nous infligea des pertes sérieuses.

L'ARTILLERIE DES DEUX DIVISIONS REJOINT L'ARTILLERIE
DE CORPS

Lorsque, vers 3 heures, les batteries de la 1ʳᵉ division arrivèrent à la hauteur de l'artillerie de corps à gauche de Vaudoncourt, le feu des canons français cessa de nouveau. Il fut alors possible à l'artillerie de la 2ᵉ division d'avancer, sous la protection du régiment d'avant-garde, dont les premiers bataillons n'étaient plus qu'à 1,200 mètres des lignes françaises, et de prendre position à 1,800 mètres du gros de l'artillerie ennemie.

Ces batteries n'ayant pas approché en ordre,

mais par intervalles, cela occasionna des pertes
très grandes, peu en rapport avec les forces dont
disposait encore l'artillerie française.

Je crois qu'on s'était fait illusion sur le résultat
antérieur du feu, car l'artillerie ennemie avait
suspendu volontairement son tir, dès qu'elle avait
reconnu la supériorité de celui de l'adversaire.
Mais elle n'était pas réduite à l'impuissance, comme
on le crut à tort.

PRÉPARATION DE L'ATTAQUE PAR L'INFANTERIE

TOUTE L'ARTILLERIE PREND POSITION A 1,200 MÈTRES DE L'ENNEMI

« Le combat entre les deux artilleries cessait
à 3ʰ,10; quelques batteries allemandes commencèrent à préparer l'attaque par l'infanterie.

A partir de 4 heures moins le quart, les batteries allemandes de gauche et du centre concen-
trèrent leur feu sur le bois de Muzeray; quelques batteries de l'artillerie de corps continuaient
à battre les hauteurs; le groupe de droite canonnait
les défenses établies sur le versant de celles-ci.

Pour obtenir un résultat décisif, toute l'artillerie
s'ébranlait à 3ʰ,30, protégée par l'infanterie, dont la
ligne comprenait 6 bataillons de la 1ʳᵉ brigade et
3 de la 2ᵉ brigade, et avançait à 1,200 mètres
des lignes ennemies, dont le front s'étendait à

300 mètres à l'ouest de l'allée, parallèlement au chemin qui y conduit.

La tentative que fit l'artillerie ennemie pour arrêter ce mouvement fut aussitôt réprimée par les batteries qui étaient encore en ligne.

Les suites d'un feu de shrapnels sur les tranchées défensives se firent bientôt sentir; les obus fouillaient en même temps tout le terrain situé au delà, qui, cependant, était presque caché aux regards par la fumée.

En revanche, les pertes infligées à l'artillerie allemande par le feu à grande distance de l'infanterie française atteignaient des proportions considérables.

COMMENCEMENT DE L'ATTAQUE D'INFANTERIE

Dès midi, le commandant en chef avait résolu d'attaquer l'aile gauche française; l'espérance que le combat autour de Vaudoncourt pourrait amener un résultat ne s'étant pas réalisée, l'ennemi s'étant bien gardé de chercher à reconquérir ce village sous le feu violent de l'artillerie des Allemands.

C'est pour cela que la 2ᵉ brigade, soutenue par l'artillerie de sa division, reçut l'ordre de tenter un choc décisif contre le bois de Muzeray et d'entraîner après elle la 1ʳᵉ brigade, ainsi que les débris des régiments 1 et 2, très éprouvée à Vaudoncourt.

La 4ᵉ brigade resterait à la disposition du général en chef derrière la pente en arrière de Vaudoncourt. La 3ᵉ brigade, sous les ordres directs du général de division, tenterait une attaque en flanc avec son régiment de cavalerie, qui avait suivi l'artillerie divisionnaire sur la rive gauche de l'Othain.

La division indépendante de cavalerie, avec ses batteries et le bataillon de chasseurs qui lui avait été adjoint, combattait depuis deux heures, mais sans aucun résultat, contre le village de Muzeray ; elle reçut l'ordre de se préparer à concourir énergiquement à l'attaque générale dès que celle-ci commencerait.

Lorsque la 2ᵉ brigade eut terminé son déplacement à l'aile gauche de la 1ʳᵉ division vers le terrain de la ferme La Folie, que ne canonnait plus l'ennemi, un changement dans la face du combat se produisit aussitôt.

CONTRE-ATTAQUE DES DÉFENSEURS

Il était 4 heures moins le quart. La première ligne de la 2ᵉ brigade était encore à 700 mètres des batteries situées devant Vaudoncourt ; la ligne de feu de la 1ʳᵉ brigade s'était étendue de plus en plus, appuyée par le feu de l'artillerie. L'entrée en ligne du 2ᵉ régiment (2 bataillons) la porta jusqu'à 600 mètres du bois de Muzeray.

Quoique le feu violent de l'artillerie sur les

lignes françaises garnissant la lisière du bois eût des effets désastreux et obligeât les défenseurs des tranchées à chercher un abri plus en arrière, l'imminence de l'approche des Allemands obligeait les Français à combler les vides au fur et à mesure.

Visiblement, les défenseurs ne pouvaient plus se borner à défendre leurs positions. La préparation de l'attaque avait été trop bien menée par l'artillerie allemande, d'une force très supérieure. Son tir était presque aussi régulier que sur le champ de manœuvres, malgré les pertes que lui infligeait l'infanterie française. Les défenseurs recoururent alors à un moyen désespéré, c'est-à-dire à tenter une contre-attaque contre l'artillerie et l'infanterie allemandes, qui venaient d'être renforcées par la 1ʳᵉ brigade.

L'ARTILLERIE FRANÇAISE RECOMMENCE LE FEU ET L'INFANTERIE SORT DU BOIS DE MUSERAY

L'artillerie française commença soudain le feu, des positions qu'elle occupait au nord du bois de Muzeray, contre les lignes de la 1ʳᵉ brigade, à laquelle elle infligeait en peu de temps des pertes très élevées.

Aussitôt le feu de toute notre artillerie se dirigea sur les batteries françaises. Pendant ce temps, de fortes lignes de tirailleurs se déployaient hors du bois de Muzeray. Elles étaient suivies à 200 ou

300 mètres par des *soutiens* qui couraient, puis s'arrêtaient pour tirer. Cette contre-attaque était dirigée contre l'aile gauche de la 1re brigade et les batteries de la 1re division, dont le flanc était protégé par deux compagnies du 1er régiment et la cavalerie divisionnaire.

Soutenue par le feu de toute leur artillerie, l'infanterie tirant à volonté, les colonnes françaises arrivèrent jusqu'à 200 mètres de la 1re brigade. Il y eut là, pendant quelques minutes, une violente fusillade.

L'artillerie allemande ne pouvait plus canonner les colonnes françaises, trop rapprochées des nôtres. Elle prit donc position à quelques centaines de mètres plus en arrière, et inonda d'obus le terrain, en arrière des premières lignes françaises. Les batteries des deux groupes de gauche étaient, pendant ce temps, parvenues de nouveau à faire taire l'artillerie française.

ATTAQUE DE LA CAVALERIE FRANÇAISE

A ce moment, des colonnes de cavaliers français se jettent précipitamment dans la direction de l'artillerie allemande. Grâce à l'épaisseur de la fumée, elles purent approcher jusqu'à 300 mètres sans être aperçues. Cependant les premier et deuxième échelons d'attaque rallièrent la gauche des pièces ; le reste fit une diversion à droite et en arrière ; les

échelons les plus éloignés, plutôt un peu à droite,
soutinrent le choc en ouvrant un feu d'infanterie
très violent ; puis, aidés par trois escadrons de
uhlans de la 1ʳᵉ division, ils repoussèrent la cavalerie française en la poursuivant jusqu'au bois Le
Prêtre.

Pendant que les batteries de la 1ʳᵉ division ces-
saient leur feu pour ne pas maltraiter les escadrons
amis, une autre colonne de cuirassiers se dirigeait
de nouveau vers les batteries ; malgré le feu très
vif qui les accueillit à bout portant, ces cavaliers
pénétrèrent dans les deux batteries de l'aile gauche,
mais succombèrent bien vite, sous le feu de l'infanterie qu'ils venaient de traverser, et qui avait
rallié les batteries. Les cavaliers qui avaient poussé
plus en avant furent fusillés à bout portant par
la 2ᵐᵉ brigade, qui avançait.

L'attaque de la cavalerie française, forte de 12 escadrons, fut faite avec un grand courage et un
suprême dédain de la mort, et permit aux débris de
la contre-attaque ennemie de rallier le bois de
Muzeray, où sans cela elle fût difficilement par-
venue sans avoir l'infanterie allemande sur ses
talons.

Cette chevauchée de la mort de la cavalerie française, le 18 août, prouva une fois de plus que les
jours ne sont pas encore passés, où la cavalerie
peut conquérir des lauriers sur les champs de bataille. Quelques escadrons de plus et une forma-

tion meilleure auraient pu lui donner pour quelques instants la victoire sur ce point. Dans tous les cas, son attaque répara la faute commise par les défenseurs, qui s'étaient laissé pousser prématurément à une contre-attaque, car elle arrêta l'offensive de l'infanterie allemande, au moment même où elle allait se jeter sur les pas de l'infanterie française, qui commençait à reculer.

La cavalerie française ne s'est donc pas sacrifiée inutilement.

L'ATTAQUE DÉCISIVE DE L'INFANTERIE

Combien celle-ci fut simple, et quelle différence avec les formes scientifiques que je lui ai vu donner sur les champs de manœuvres, avec ce que j'ai lu dans des douzaines de brochures, plus minutieuses les unes que les autres. Il n'y a plus à prétendre qu'il est impossible de mener à bonne fin une attaque en terrain découvert. La réussite en est plutôt plus que facile, mais elle n'est pas due à des questions de forme ; le secret consiste simplement en la préparation réfléchie de l'attaque, avec le concours de l'artillerie, comme on le fit le 18 août.

Mais pourquoi des réflexions là où les faits parlent d'eux-mêmes.

La brigade destinée à l'attaque décisive ne se préoccupa nullement des abris qu'aurait pu lui offrir le village de Vaudoncourt. A quoi lui auraient servi ces abris à de pareilles distances, et quand il n'y avait plus à craindre le feu de l'artillerie ennemie.

GROUPEMENT DE LA BRIGADE D'ATTAQUE

Groupée en trois lignes de deux bataillons chacune, la brigade d'attaque dépassait le chemin qui relie Vaudoncourt au bois Le Prêtre, au moment où la contre-attaque française se produisait. Son objectif était le bois de Muzeray; l'aile droite devait traverser l'artillerie à gauche, mais en fait elle ne put dépasser que deux batteries.

La première ligne était composée de six compagnies avec soutiens à 200 pas en arrière; 800 pas plus loin venaient les 4ᵉˢ compagnies. Encore 500 pas plus en arrière marchaient les deux bataillons de la deuxième colonne, d'abord en colonnes de compagnies espacées de 50 pas, mais bientôt en lignes déployées, à cause des pertes qu'elles subissaient. Le bataillon de gauche forma, avec deux compagnies pour se couvrir, un crochet défensif contre le bois Le Prêtre, qui, d'ailleurs, n'était pas très dangereux, puisqu'il avait été reconnu impraticable.

Encore 500 pas plus loin venaient les bataillons de la troisième ligne, en colonnes de compagnie, l'aile gauche appuyée par une compagnie formant échelon à 200 pas en arrière.

Les tambours de toutes les colonnes d'attaque

battaient aux champs ; les musiques des deuxième et troisième colonnes jouaient le « Sturmmarch ».

Iʳᵉ LIGNE

Les 1ʳᵉˢ compagnies dépassaient de 100 pas à peine la ligne de bataille de la 1ʳᵉ brigade, lorsqu'elles durent se coucher, à cause du feu très nourri de l'infanterie française ; elles commencèrent le feu à 500 mètres de la lisière du bois ; les soutiens les rejoignirent en ouvrant le feu.

Quatre minutes après, les 4ᵉˢ compagnies arrivaient et portaient la ligne de feu à 350 pas de l'ennemi.

Les pertes devinrent en quelques instants énormes. La direction du feu échappa des mains des chefs, et un feu à volonté très rapide commença. Au milieu de la fumée, le bruit des tambours et de la musique annonçait seul l'approche de la deuxième colonne, si désirée, quoiqu'elle n'eût mis que cinq minutes à entrer en ligne.

ATTAQUE DE LA 2ᵉ LIGNE

Le roulement des tambours, le sifflet aigu des officiers, les mots de commandements, les cris des hommes, s'unirent pour dominer le bruit assourdissant du feu. Comme une vague poussée par la tempête, la deuxième ligne avançait, renforcée par les débris de la première, à peu près en ordre au début; puis, au fur et à mesure que les pertes allaient grandissant, ce fut une poussée générale en avant avec cris et bruits, roulements de tambours et sons de la musique.

Soudain, la masse s'arrêta; au sud, à gauche du bois de Muzeray, avançaient contre les flancs de l'assaillant des colonnes de compagnies ennemies, tambour battant.

Les premières lignes de l'assaillant, qui se rendirent compte de ce nouvel ennemi, s'arrêtèrent, et les lignes suivantes se tassèrent sur trois ou quatre hommes de front, ouvrant un feu insensé sur les colonnes françaises, décimées elles-mêmes par le tir des hommes qui garnissaient les défenses et leur tiraient dans le dos.

ARRIVÉE DE LA 3ᵉ LIGNE

Déjà l'on entendait approcher la troisième colonne d'attaque, en même temps que le bruit de l'artillerie, qui avait suivi courageusement l'infanterie, éclatait de nouveau après avoir cessé sur toute la ligne un peu auparavant. On n'attendit pas l'arrivée de la troisième colonne pour pousser en avant; la situation était trop critique à 150 pas des positions françaises, et on se jeta en avant dans une mêlée générale.

POURSUITE DES FRANÇAIS

L'ennemi céda. Sur quelques points seulement on eut à se servir de la baïonnette pour briser sa dernière résistance ; quiconque trouvait moyen de tirer faisait feu. C'est seulement à l'arrivée de la troisième ligne qu'il fut possible de mettre un peu d'ordre et de régler le feu. Cette dernière colonne rassemble les restants des première et deuxième colonnes et commence la poursuite de l'ennemi à travers le bois de Muzeray.

L'ARTILLERIE PREND POSITION

Tout ce qui est encore disponible en fait d'artillerie prend position sur le terrain conquis et avance à peu près en ordre, par batteries. Naturellement, le tiers environ des pièces manquait. On les laissa en arrière pour atteler les autres. Les caissons arrivaient également avec une grande rapidité, mais poussés quelquefois par des hommes. Tout, autour de nous, nous invite à pousser en avant.

ATTAQUE DE FLANC DES Ire ET 3e BRIGADES

La 2e brigade avait porté le coup décisif pendant que les 1re et 3e brigades avaient commencé et soutenu la lutte jusqu'après midi ; elles avaient occupé les premières positions, délogé les avant-

postes de l'ennemi, et préparé l'entrée en scène
de l'artillerie. Elles .coopérèrent enfin au mouvement de la 2ᵉ brigade par une attaque de flanc et
empêchèrent les Français de concentrer tous leurs
efforts sur la colonne d'attaque proprement dite.

Pour assurer le succès, le général commandant
avait également fait avancer la brigade de réserve à
proximité de Vaudoncourt.

LA DÉROUTE

On voit que l'état-major général s'était efforcé
d'assurer la mise en pratique de principes bien ar-
rêtés. Il en advint ainsi par l'occupation des
premières positions ennemies lors du combat d'artillerie; et finalement aussi au moment de l'attaque
de l'infanterie. Le fractionnement des colonnes d'assaut eut pour résultat que l'élan des troupes devint
de plus en plus violent, par suite de l'entrée succes-
sive en ligne des divers échelons. De cette façon,
il fut possible de lui donner une supériorité numérique considérable sur les forces des défenseurs,
supériorité qui le rendait presque invincible; la
masse d'hommes lancés à l'assaut *devait se frayer
un chemin*, tout comme les glaçons d'un fleuve au
moment du dégel (1).

Ce fut un tout autre tableau que celui qu'offraient
les champs de bataille de la dernière guerre. Mais

(1) Meckel, Tactique I, Est 237.

les pertes terribles et les leçons sanglantes qu'elle nous a données prouvent qu'elles n'ont pas été sans porter fruit. La preuve en est le développement systématique de la bataille du 18 et les pertes relativement minimes que la colonne d'attaque eut à supporter.

Le succès ne peut être dû ni à une offensive déréglée, ni à la valeur individuelle des soldats ; il fut la conséquence logique de l'action combinée de troupes bien disciplinées, qui ne se précipitaient pas en avant alors que le feu de l'adversaire n'était pas encore bien ébranlé, mais seulement alors que l'artillerie avait brisé la force de résistance de l'infanterie des défenseurs.

L'arme que l'Allemagne a donnée à son infanterie est très puissante aux mains de celui qui sait s'en servir ; et je souhaite que la destinée n'enlève pas aux bases solides du règlement qui préside à son maniement ses principes fondamentaux ; de même qu'une main maladroite ne lui fasse pas prématurément subir un remaniement pouvant être désastreux pour le succès des batailles de l'avenir.

Je souhaiterais de pouvoir donner des résultats plus brillants sur la poursuite de l'ennemi en déroute.

L'infanterie française s'était battue partiellement jusqu'à sa destruction. La plupart des batteries étaient détruites, plusieurs régiments de cavalerie s'étaient sacrifiés ; et cependant les débris de cette armée possédaient encore à 4ʰ, 30 une force de résistance telle que les résultats obtenus par les vainqueurs furent loin de ce qu'ils auraient pu être.

Le bataillon français qui avait en dernier lieu essayé une contre-attaque contre la 2ᵉ brigade s'était retiré, malgré ses grandes pertes, à environ 1,000 mètres, sur une légère élévation du plateau, où il se retrancha.

De même la garnison de Muzeray, formée de trois bataillons de chasseurs et de huit batteries montées, se repliait dans un petit bois situé vers la route de Billy et s'y retranchait.

Dans le fond, le bois de Tremblais fut rallié rapidement par tous les débris de l'infanterie française.

La position dominante qu'occupe ce bois au milieu de la hauteur et les tranchées établies à sa lisière obligèrent les Allemands à attendre la 4ᵉ brigade avec de l'artillerie avant de pousser plus en avant.

Il se passa donc une heure avant qu'on pût déloger l'ennemi et avant que l'artillerie pût prendre position pour canonner la ligne de retraite des Français se retirant par la vallée de Loison dans la direction de Billy.

POURSUITE PAR L'ARTILLERIE ET LA CAVALERIE

Mais lorsque l'artillerie du corps eut pris position avec toutes ses pièces de chaque côté de la chaussée de Billy, un désordre épouvantable se produisit dans les colonnes françaises qui jusque-là battaient en retraite avec un semblant d'ordre ; et lorsque la cavalerie allemande se mit à les charger, une très grande panique s'empara des fuyards. Vainement la cavalerie française chercha à protéger la retraite, elle fut refoulée avec les autres débris. Malgré cela, la poursuite dut s'arrêter dans le défilé à l'ouest de Billy sur la route d'Azannes. Les Allemands essayèrent vainement dans la nuit de forcer cette forêt. Quant à ceux qui s'étaient retirés dans la direction de Mangiennes, ils furent faits prisonniers dans la nuit du 18 août par la cavalerie allemande. Le gros de l'ennemi avait trouvé un abri dans la forêt de Billy, et le soir même les avant-postes allemands occupaient Billy et Loison pendant que, sur les hauteurs où le matin même se trouvaient les Français, brûlaient les feux de bivouac des régiments allemands.

COMMENTAIRES ET CRITIQUES DE L'AUTEUR

De nombreux commentaires et critiques suivent les développements de la bataille qu'on vient de lire. C'est ainsi qu'à propos des pertes l'auteur accuse 5,000 hommes hors de combat du côté des Français.

A propos du tir de l'infanterie à grande distance, il dit qu'à un certain moment les pertes des Allemands devant traverser un terrain découvert se montèrent jusqu'à 100 hommes par compagnie. Presque tous les officiers du 1er régiment furent mis hors de combat. *Malgré cela, aucune confusion n'eut lieu, parce que tous les officiers connaissaient le but que le régiment devait atteindre.*

Les pertes subies par la colonne d'attaque proprement dite peuvent être évaluées à 50 0/0 des effectifs engagés. Cela répond à l'opinion émise dans les ouvrages de Scherff : « Une colonne d'attaque, trois fois supérieure en nombre à la défense, a la perspective de perdre 50 0/0 de son effectif en forçant la position avec une puissance double; ces pertes, quelque terribles qu'elles soient, sont encore préférables à celles qu'inflige une retraite. » (Scherff.) (1).

(1) On trouvera une opinion semblable dans la lettre du général Boulanger, citée à la fin de la brochure.

Pour ce qui est des approvisionnements de munition pendant le feu, l'auteur dit qu'il est impossible de les réglementer, en temps de paix, d'une façon pratique.

Après quelques considérations sur les combats de l'artillerie pendant cette journée, qui ne sont qu'un résumé de ce qu'on a déjà lu, l'auteur arrive à la conclusion que voici : *La défensive a plus de problèmes à résoudre que l'offensive avec l'armement des armées modernes, si son artillerie n'est pas supérieure. Dans une certaine mesure, la défensive est aujourd'hui plus difficile à mener que l'offensive.*

DEUXIÈME PARTIE

RÉFUTATION CRITIQUE

De la première partie, par M. le GÉNÉRAL *** . . .

RÉPONSE OU RÉFUTATION

La journée du 18 août 18.. pourra certainement compter comme un brillant succès dans les fastes de l'armée allemande, et sera d'un heureux augure pour le reste de la campagne.

Les Français, contrairement à leurs habitudes invétérées, n'ont pas, il est vrai, été surpris, bien au contraire ; mais leur sort n'en est pas plus brillant. Malgré toute la terre qu'ils ont remuée, les ruisseaux dont ils ont couvert leur front, les bois « impraticables » auxquels ils ont appuyé leurs flancs, l'héroïsme enfin avec lequel leur cavalerie se sacrifie pour le salut commun, en empruntant ses inspirations à toutes les batailles de 1870, Reischhoffen, Beaumont et Rezonville ; malgré tout cela, il leur faut céder à la supériorité de l'artillerie allemande, à la « poussée irrésistible » de l'infanterie allemande.

Privée de son artillerie que les canons allemands réduisent en un tour de main au silence dès qu'elle veut donner signe de vie, l'infanterie française ne tient pas une minute derrière ses tranchées.

La bataille de Muzeray-Vaudoncourt c'est le

triomphe de l'offensive : coups de canon d'abord, coups d'hommes ensuite. Quant aux jambes des fantassins ou des chevaux, sauf ceux de l'artillerie, quant à la tête du général en chef, on n'en voit guère l'emploi.

Il serait peut-être à propos de reprendre les mouvements qui ont permis une si heureuse mise en œuvre des deux éléments de succès auxquels a eu recours l'auteur allemand, et d'examiner leur exécution même telle qu'elle est décrite plus haut. On tâchera ensuite de voir ce qu'aurait pu faire le général français s'il n'avait pas été, en cette mémorable journée, un pur soliveau, consterné sans doute par une conception trop claire de la « supériorité » et de la « poussée irrésistible » précitées, ainsi que du sort fatal que lui réserve leur emploi combiné.

Un critique théâtral bien connu a pour principe que, toute hasardée ou invraisemblable que puisse paraître la donnée première d'une œuvre d'imagination, il la faut accepter telle quelle, et en faire crédit à l'auteur ; pourvu du moins qu'il en sache tirer l'effet dont elle est susceptible.

Dans le récit de la bataille dont il s'agit, nous avons affaire à une œuvre d'imagination au premier chef. Faisons donc comme le critique, et acceptons la situation générale telle qu'on nous la présente le 18 août au matin ; mais voyons ce qu'en sait tirer l'auteur allemand.

Le corps d'armée allemand a passé la nuit cantonné très au large le long de la route de Briey à
Longuyon, couvert par sa cavalerie à 5 kilomètres
en avant. Cette cavalerie est au contact de l'ennemi qu'on sait sur l'Othain. On sait aussi sans
doute qu'il n'y a rien à craindre de lui pendant la
nuit, puisqu'on a étendu les cantonnements sur un
front de 15 kilomètres, deux fois plus grand que
la distance même à laquelle on est des Français.

Dans cette région il n'y a sur la rive gauche de
l'Othain qu'un nœud de routes d'une valeur notable,
c'est Billy-sous-Mangiennes ; son occupation semble
donc devoir être un objectif d'une certaine importance pour le général allemand. Comme la brochure ne nous a point fait connaître à quelle
occasion spéciale s'est livrée la *bataille du* 18 *août*,
il est à penser que l'armée allemande n'a eu d'autre
idée stratégique, d'autre plan si l'on veut, que de
courir sus à l'ennemi partout où il serait signalé,
et de le détruire. Ce plan en vaut bien un autre et
ce n'est pas nous qui en critiquerons le principe. Il
se trouve d'ailleurs que sa réalisation entraînera
aussi l'occupation de Billy, — on fera d'une pierre
deux coups, ce qui est toujours avantageux.

Le moyen qu'a choisi l'auteur allemand pour
arriver au but qu'il paraît s'être proposé est des
plus simples. Sans faire de frais d'imagination, ni
tenter des manœuvres compliquées, sans trop se
préoccuper non plus, semble-t-il, de ce qu'il a en

face de lui, le corps allemand va se porter droit sur
Billy par les routes nombreuses, fort heureusement
pour lui, et mieux disposées encore, qui relient ses
cantonnements avec ce point. Il poussera droit devant lui au travers de la position ennemie, qui va
justement se trouver au point précis où les routes
suivies permettent un déploiement presque idéal
des colonnes.

La lutte qui en résulte et qui remplit la journée
du 18 août se divise en trois phases distinctes :

Marche en avant et déploiement du corps d'armée sur la rive droite de l'Othain ;

Son transport sur la rive gauche ;

Occupation de la position ennemie.

La première opération s'exécute sans entraves
de la part des Français. On a pour marcher à eux
trois routes convergentes qui partent précisément
du centre de chaque groupe de cantonnements.
On va donc marcher sur trois colonnes : une de
cavalerie à l'extrême droite, deux d'infanterie au
centre et à gauche. Rien à noter de bien saillant ;
l'auteur étant d'avis qu'il convient d'augmenter la
proportion de l'artillerie affectée aux avant-gardes
en donne la preuve. L'une de ses colonnes a mis
quatre batteries derrière son bataillon de tête ; elle
en sera récompensée sans retard ; l'autre, comman-
dée par un esprit rétrograde, n'y met que six pièces :
elle en sera bien punie, car, bien que n'ayant per-

sonne en face d'elle, puisqu'elle doit déboucher
dans le flanc même de la colonne précédente qui
a une certaine avance, elle n'y pourra réussir qu'au
bout de plusieurs heures; on n'explique pas très
bien pourquoi.

Les troupes françaises de la rive droite de
l'Othain se retirent assez volontiers. Il y a bien
en face d'Houdelaucourt, sur la rive gauche de
l'Othain, un petit mamelon qui, par sa forme et
sa position, semblerait précieux à occuper pour
eux. Il enfile à perte de vue la route de Haucourt,
par laquelle arrive la principale colonne ennemie
(gauche); il peut battre fort au loin celle de Réchicourt que suit la seconde division (centre). Les
hauteurs de la rive droite ne l'entourent pas, elles
lui sont seulement parallèles, et ce n'est qu'à 2,500
ou 3,000 mètres du ruisseau qu'elles commencent
à présenter des positions plus élevées que sa crête.
L'ennemi n'en a même pas prévu la défense pour
couvrir la retraite des avant-postes qu'il a jetés en
avant de l'Othain, et forcer les colonnes allemandes
à un déploiement prématuré. Il pousse la négli-
gence jusqu'à n'y point mettre une seule pièce
d'artillerie. En revanche, la vue des canons allemands l'engage rapidement à évacuer Spincourt et
Houdelaucourt et à débarrasser du même coup de
sa présence non seulement la rive droite de l'Othain,
mais le mamelon dont on vient de parler et toute
la partie de la rive gauche du ruisseau dont

les Allemands vont avoir besoin tout à l'heure.

La première partie du programme est donc remplie sans difficulté. Les autres n'éprouveront pas beaucoup plus d'entraves.

Le mamelon, qui n'a servi de rien aux aveugles Français, a évidemment été placé là par la Providence pour couvrir les mouvements de la première division (colonne de gauche). D'une part, les artilleurs français, continuant le cours de leurs procédés discrets, ont eu la bonhomie de s'aller percher, à peu près tous, vers le bois du Tremblais, c'est-à-dire à 4,000 mètres de la rivière dont ils ont la prétention de défendre le passage. De l'autre, leurs camarades de l'infanterie, rivalisant d'audace avec eux, ont évacué sans débat les deux bonnes fermes de Huarde et de la Folie qui, couvertes par le ruisseau du Vieux-Moulin, auraient risqué de les retenir trop longtemps à leur défense. Aussi les fantassins allemands remplacent-ils tranquillement les Français dans les fermes, après avoir franchi l'Othain comme ils ont pu. Les sapeurs allemands établissent, plus tranquillement encore, tous les ponts que leur artillerie peut désirer pour franchir le ruisseau. Les canonniers allemands enfin, partageant la quiétude générale, passent ce ruisseau bien à loisir et viennent couronner ce fameux mamelon. De là ils vont tout à l'heure pulvériser les batteries françaises imperturbablement restées à 4,000 mètres de toute cette scène, et attendant avec modestie qu'il plaise aux Allemands de s'occuper d'elles. « Ce fut, dit l'auteur, un beau spectacle... toute la manœuvre (de l'artillerie) fut exécutée avec un grand calme... » Nous partageons sincèrement cet enthousiasme et nous admirons ce calme.

La cavalerie française n'a pas manqué, elle non plus, de participer à l'abstention générale, qui paraît la consigne donnée ce jour-là à cette armée. Elle ne paraît nulle part.

Quant à celle des Allemands, c'est bien autre chose. Le régiment de la deuxième division (colonne du centre) se promène entre Spincourt et Nouillon-Pont, il est difficile de deviner dans quel but. A gauche, le régiment de la première division se précipite sur Gouraincourt qui est au moins à 2,500 mètres du fameux mamelon, et après ce raid audacieux, dont l'exécution doit bien demander un quart d'heure... au pas, ce régiment rend compte que le bois Le Prêtre est « impraticable ». De cette façon au moins, le corps d'armée allemand va être bien tranquille sur son flanc gauche. Mais, quelle que soit la fantaisie avec laquelle a été exécuté le croquis topographique joint à la brochure allemande, l'auteur n'a pu s'empêcher de figurer quelques chemins dans le bois Le Prêtre. Sur le terrain même, ses actifs cavaliers auraient peut-être pu en trouver d'autres encore et même une vraie route, le tout débouchant sur les derrières de la position des Français. Mais tout cela l'aurait distrait

de son sujet principal et il était plus simple que le
bois fût « impraticable » ; — il y a sans doute des
pièges à loup.

Revenons maintenant à l'extrême droite. La division de cavalerie indépendante, qui a passé la
nuit à Saint-Pierrevillers (5 kilomètres de l'Othain),
se présente à 11 heures devant Nouillon. Au bout
d'une heure de canonnade, elle est maîtresse du
passage, franchit le ruisseau, et depuis midi jusqu'à 4 heures du soir elle va se porter de Nouillon à
Muzeray qui sont à peu près à 3 kilomètres l'un de
l'autre. Trouvant sans doute, elle aussi, que le bois
de Warpremont est « impraticable », même pour
les chasseurs à pied qu'elle traîne derrière elle, elle
va se tenir en face de Muzeray dont la « garnison »,
paraît-il, comprend 3 bataillons français, des chasseurs eux aussi, et 48 pièces (!). Ainsi 3,000 cavaliers, 1,000 fantassins et 24 pièces atteignent cet
énorme résultat d'immobiliser 3,000 fantassins dans
Muzeray, avec 48 pièces. Il est vrai que les Français
doivent être bien embarrassés puisqu'ils les lais-
sent là, alors qu'ils en pouvaient faire un si bon
emploi ailleurs.

En revanche ces cavaliers, tout comme leurs
camarades moins « indépendants » de l'aile gauche, ne s'aperçoivent pas que, si le bois de Warpremont est impraticable, il n'est pas indéfini, et
qu'au lieu de laisser leurs six régiments sous le
feu de la formidable artillerie de Muzeray, on

pourrait sans grand inconvénient en distraire un ou
deux pour faire le tour du bois par le Nord, et
aller voir ce qui se passe le long de la lisière
Ouest. On arriverait ainsi droit dans le dos des
Français. La course demanderait bien une heure
ou une heure et demie aller et retour.

Quoi qu'il en soit, voilà les 72 pièces allemandes sur le mamelon d'Houdelaucourt; elles
éteignent le feu de l'artillerie française, parce
que le général ennemi a eu la précaution de
laisser 48 de ses canons à Muzeray tout à fait
hors de portée. Le succès des Allemands sur les
batteries du bois du Tremblais n'a rien de par-
ticulièrement étonnant, si ce n'est qu'il est ob-
tenu, en une demi-heure, contre des pièces éloi-
gnées de 4,000 mètres et sans doute couvertes
d'épaulements rapides. Il faut avouer que les
Français mettent de la bonne volonté à confesser
la « supériorité » des Allemands. Peut-être aussi
trouvent-ils qu'à pareille distance ils ne font que
tirer leur poudre aux moineaux, opinion qui paraît
assez judicieuse.

Le feu des Français éteint, l'artillerie allemande,
que n'ont pas encore beaucoup gênée les bataillons
ennemis qui sont à Vaudoncourt, à 1,500 mètres
d'elle, songe à s'occuper d'eux et à leur faire leur
part. Ces malheureux bataillons ont sans doute
cherché à se faire oublier, ils n'y réussissent pas.

Tous les traités de tactique enseignent qu'après avoir éteint le feu de l'ennemi, l'artillerie s'occupe de déloger l'adversaire des points d'appui avancés de sa ligne. Le canon ennemi se tait. Vaudoncourt est certainement un point d'appui avancé. On va donc déloger les Français de Vaudoncourt, et il en est bien temps.

En une heure, le village est en feu et tombe « aux mains du 1er régiment comme un fruit mûr ». — Voilà ce que c'est que d'opérer méthodiquement. Inutile de dire que l'ennemi effectue sa retraite sur sa position principale, sans être troublé par les escadrons allemands de cette aile, qui restent accrochés à leur « impraticable » bois. C'est un échange de procédés courtois des deux côtés.

C'est alors que se produit le mouvement, sinon le plus héroïque, du moins le plus remarquable, comme conception d'ensemble, de toute cette étrange bataille : la 1re brigade d'infanterie s'est déployée tout entière en avant de Vaudoncourt, et les quatre batteries de la 1re division, abandonnant leur mamelon, se sont portées à sa gauche. L'artillerie de corps pense qu'il est temps de changer de position. Franchissant d'un seul coup 2,000 mètres, en défilant obliquement devant toute la position ennemie, à travers un terrain humide et coupé de deux ruisseaux, elle va se placer à la droite de la 1re brigade, à 1,800 mètres de la ligne ennemie.

La colonne du centre (2e division) est toujours

à Spincourt. Elle va maintenant déboucher. Sa 3ᵉ brigade traverse l'Othain, tourne à droite et, se prolongeant d'abord perpendiculairement au front de la position ennemie. Continuant ensuite sa route obliquement à ce front, elle finit par se trouver à hauteur de la 1ʳᵉ brigade, à la droite de l'artillerie de corps. L'artillerie de la 2ᵉ division imite le mouvement de la 3ᵉ brigade, derrière le centre de laquelle elle se porte, suivie de la cavalerie divisionnaire. Celle-ci, après sa promenade du matin sur les bords de l'Othain, ne trouve rien de mieux à faire que de prendre maintenant les fonctions de soutien d'une artillerie qui a 6,000 fantassins en avant d'elle. Elle va d'ailleurs se placer droit derrière les pièces qu'elle doit « couvrir », et à 2,000 mètres tout au plus de Muzeray. La malheureuse ignore certainement la présence dans ce village des 48 terribles pièces que l'on sait et qui n'ont encore rien fait depuis le matin, pas même pris part au duel d'artillerie dont l'issue, au bout de 30 minutes, a été l'établissement définitif de la « supériorité » de l'artillerie allemande.

Le terrain, coupé par les deux bras du ruisseau du Moulin et qui s'étend entre Vaudoncourt et Spincourt, a 1,000 mètres d'étendue. C'est là dedans que défilent les 48 pièces de l'artillerie de corps, les 24 de la 2ᵉ division, les deux régiments d'infanterie de la 3ᵉ brigade et le régiment de cavalerie, pour se porter à

1,800 mètres de la ligne ennemie qui domine d'ailleurs de 20 mètres tout ce bas-fond absolument plat.

L'auteur avance que l'artillerie française, qui avait cessé le feu depuis midi et demi, profite de cette superbe occasion pour le rouvrir et qu'elle fait même éprouver des pertes sérieuses aux Allemands, mais, comprenant sans doute ses torts, elle se tait « vers 3 heures ». — Vaudoncourt n'a été occupé qu'à 2^h, 20, il a fallu porter le 2e régiment de la 1re brigade depuis l'Othain jusqu'en avant de Vaudoncourt, à hauteur du premier (distance 3 kilomètres, soit 25 à 30 minutes) ; enfin que l'artillerie de corps n'a pu commencer son mouvement que sous la protection de cette brigade déployée ; on voit que cette artillerie n'a pas dû, même en précipitant tout ses mouvements, se mettre en marche avant 2^h, 45, au plus tôt. L'artillerie française ne commencera sans doute son feu qu'au moment où cet objectif s'offre à elle « vers 3 heures », elle est bien discrète.

Revenons au grand mouvement dont nous avons interrompu le récit au plus beau moment. Le général allemand a, paraît-il, décidé depuis midi qu'il attaquerait l'aile droite des Français. Il va poursuivre avec calme les préparatifs de son entreprise. Après avoir, comme on vient de le dire, fait appuyer forcément à droite toute sa ligne, c'est-à-dire deux brigades d'infanterie et 96 pièces, pour l'établir face à la position qu'elle doit assaillir, il va maintenant porter de droite à gauche la 4ᵉ brigade, qui est encore disponible à Spincourt, et dont il va faire sa réserve générale, qu'il placera à Vaudoncourt. En s'abritant derrière le mamelon, où était naguère la grande batterie, cette brigade effectuerait son mouvement en se maintenant à 5,000 mètres de l'ennemi et en demeurant jusqu'au bout masquée même à sa vue. Depuis midi jusqu'à 3 heures, elle aurait d'autant plus le temps de faire ce trajet que la route même d'Ollières par laquelle elle arrive sur Spincourt est à certains moments très rapprochée d'Houdelaucourt.

En tout cas, de Spincourt même à Houdelaucourt, il n'y a que 2,500 mètres à peine, et on a 3 heures au moins pour les franchir. Mais, là encore, l'exécution du mouvement étant bien en rapport avec la conception, la brigade de réserve se forme simplement en colonne, et se porte droit de Spincourt sur Vaudoncourt, derrière lequel elle se masse et se masque, ce qu'il est évidemment bien temps de faire.

Quant à la 2ᵉ brigade, dont nous n'avons pas encore parlé, elle est destinée à former la troupe *de choc*, le coin qui va pénétrer la ligne française et la disjoindre.

Pendant tous ces mouvements de gauche à droite et de droite à gauche, on lui a donné son objectif, le bois de Muzeray, devant lequel se trouve en ce moment toute la 1ʳᵉ brigade et l'artillerie de la 1ʳᵉ division. Cette 2ᵉ brigade, qui vient d'Houdelaucourt, commence par se déployer au sud de Vaudoncourt, de manière à avoir à la fois son front oblique à l'objectif qu'elle veut atteindre, et sa direction oblique aux troupes déjà établies. Elle atteindra par ce moyen une série de résultats d'un seul coup : elle parcourra en effet sous le feu de l'ennemi un espace plus considérable ; l'oblique étant, comme chacun sait, généralement plus longue que la perpendiculaire, elle se présentera dans une formation beaucoup plus vulnérable, puisqu'elle sera plus dense, elle marchera moins vite, puisque chaque homme n'ira pas droit devant soi ; enfin, à mesure qu'elle avancera, elle masquera son artillerie d'abord ; la 1ʳᵉ brigade, ensuite, renversera les lignes de celle-ci, à moins qu'elle ne les double ou que cette 1ʳᵉ brigade ne se rejette à son tour sur la 3ᵉ.

Dans tous les cas, dès que la ligne se portera en avant, pas une pièce ne pourra plus tirer. Le terrain est en glacis très doux, et l'artillerie derrière les troupes et à faible distance de l'ennemi, il est donc impossible de faire autre chose que du tir plongeant, ce qui ne paraît guère pratique dans la situation.

Le moment suprême approche. La 2ᵉ brigade déployée est en échelon à 700 mètres en arrière et à gauche de l'artillerie de la 1re division; les 1re et 3e se sont avancées jusqu'à 600 mètres de la ligne ennemie. Celle-ci a bien essayé d'arrêter le mouvement. Son artillerie, qui a la spécialité de se démasquer à chaque instant, est une fois de plus forcée au silence. Le feu de son infanterie a causé quelques pertes, mais sans résultat sensible. L'artillerie allemande, tirant sans doute par les intervalles des tirailleurs, rend intenables les tranchées françaises, le feu d'infanterie est en pleine activité. La division de cavalerie vient de recevoir l'ordre de concourir « énergiquement » à l'attaque générale, ce qu'elle va évidemment faire, car il doit lui rester des trésors d'énergie vu la faible dépense qu'elle en a fait depuis le matin. La première ligne allemande, 12,000 hommes et 96 pièces, est à 600 mètres, position, sur un front de 3,000 mètres, face à l'ennemi, mais faisant, dit l'auteur, une attaque de flanc, la troupe d'assaut est en marche. Le feu est si violent que les Français évacuent partiellement leurs tranchées.

C'est le moment que choisit le général français pour opérer une contre-attaque. L'artillerie rouvre subitement son feu (c'est la dixième fois au moins) et l'infanterie débouche en masse du bois de Museray, qui a bien 300 mètres de front, de manière à recevoir en tête le feu de la 1re brigade et d'écharpe celui de la 2e.

Cette tentative courageuse mais inopportune a

le succès qu'elle mérite ; l'infanterie qui la tente
est arrêtée et serait détruite sans le dévouement
de la cavalerie qui, fatiguée évidemment d'une trop
longue inaction, saisit le moment favorable, sort on
ne sait d'où, et charge l'artillerie de la 1re division
placée à 1,500 mètres d'elle, au fond de la tenaille
que forment les lignes des 1re et 2e brigades.

Naturellement elle est foudroyée par les tirailleurs et les canons et disparaît vers le sud, poursui-
vie par le régiment de cavalerie allemande de l'aile
gauche. Celui-ci, qui depuis le matin s'accroche à
cet « impraticable » bois Le Prêtre, ne doit pas
être fâché de trouver enfin l'occasion de se re-
muer un peu.

Maintenant l'attaque décisive de l'infanterie ;
« combien ce fut simple, » dit l'auteur. Qu'on en
juge ! Nous avons déjà donné l'idée générale : les
1re et 3e brigades qui sont *en face* de la ligne Muzeray, bois de Muzeray, vont faire une attaque *de
flanc* sur elle. La 2e brigade, qui est déployée
très obliquement, va marcher *droit* sur le bois
de Muzeray et l'enlever. Au départ elle est sur trois
lignes, de deux bataillons chacune : la première
déployée, la deuxième à 1,500 pas plus loin en
ligne de colonnes de compagnie, la troisième de
même à 500 pas, plus loin encore. En tout, ce fractionnement a près de 2,000 mètres de profondeur
juste la distance entre l'objectif et le point de départ. Il paraît néanmoins qu'on parcourt dans

cet ordre un certain espace, tambour battant.

Le premier échelon s'arrête à 500 pas de la position ennemie. Les soutiens arrivent et le portent jusqu'à 250. Cinq minutes après, la deuxième ligne, qui va comme l'éclair, rejoint la première. Nouvel incident. Des colonnes de compagnie françaises débouchent du sud du bois de Muzeray; mais, fusillées en avant par la ligne d'attaque qu'elles veulent aborder, et dans le dos par leurs propres camarades qui sont dans les tranchées, ces infortunées colonnes disparaissent. La troisième ligne, qui apparaît à ce moment, en profite pour enlever tout ce qui se trouve devant elle, y compris les tranchées ennemies.

Maintenant, c'est fini. Les Français, justes victimes de leur maladresse, sont jetés hors de toutes leurs positions, même d'une deuxième ligne qu'ils ont bien singulièrement organisée (voir la carte). La brigade de réserve, qui a suivi le mouvement général, arrive à son tour dans le plus bel ordre, l'artillerie allemande aussi, et même la division de cavalerie indépendante. On prend tout ce qui reste debout encore ou peu s'en faut. L'artillerie, qui a cependant tant travaillé depuis le matin, brise les dernières résistances. Tout est rompu, tout fuit, la nuit tombe et « sur les hauteurs, occupées le matin « même par les régiments français, brûlent les feux « de bivouac des régiments allemands ».

De même qu'il n'y a pas de bonne fête sans lendemain, il n'y a pas en Allemagne, dit-on, de bonne manœuvre sans « critique ». Les officiers allemands doivent donc être habitués à faire leur examen de conscience. Si le général en chef procède à cette petite opération à la lueur des feux de bivouac de tout à l'heure, sa conclusion sera certainement qu'il possède dans quelque coin du ciel une étoile toute spéciale. Mais peut-être aussi, la fraîcheur de la nuit aidant, l'ivresse de la victoire sera-elle tempérée chez lui par le souvenir d'un vieux poète :

> À vaincre sans péril, on triomphe sans gloire.

Si, en effet, le canonnier allemand a pu, à maintes reprises, forcer les pièces françaises à se taire ; si le fantassin allemand, bien décidé à planter sa baïonnette dans les reins de l'adversaire, a pu franchir un glacis découvert de 4,000 mètres sous le feu de toute la ligne ennemie, ce n'est qu'à eux-mêmes qu'ils le doivent l'un et l'autre, et le général en chef n'y est pas pour grand'chose.

Il pourra encore se dire, ce général, qu'il a été fort heureux de trouver un adversaire aussi bien vissé sur ses crêtes et aussi parfaitement décidé à n'en point bouger, quoi qu'il arrive.

On peut se demander maintenant ce qui serait advenu de tout ce poétique récit, que nous n'avons pu que dépouiller de son charme en le résumant, si les Allemands avaient eu affaire à un adversaire un peu plus remuant, à une artillerie moins disposée à se battre à 4,000 mètres ou plus et à confesser en 10 minutes son infériorité, à une infanterie plus tenace et mieux avisée, à une cavalerie moins héroïque, le tout commandé par un *Général*.

Car, enfin, si le général allemand a fait sentir sa direction — et nous avons vu de quelle brillante façon — il paraît bien qu'il n'y avait point de personnage de ce genre chez les Français. Peut-être qu'un obus providentiel a privé ces derniers dès le commencement de la lutte de ce premier et indispensable élément de combat. C'est le seul moyen d'expliquer leur attitude. Mais, s'il n'en était pas ainsi !

L'étude que nous avons faite est déjà longue, et nous n'avons ni l'envie, ni même le goût, de voir quel aurait pu être le développement de la lutte, si les Allemands avaient eu *quelqu'un* en face d'eux, et non pas des mannequins figurant l'ennemi.

Nous ne chercherons donc pas à examiner si de simples démonstrations n'auraient pas pu rendre un peu moins facile le passage de l'Othain ou la prise de Vaudoncourt. Nous ne chercherons pas à savoir si la répartition qu'on semble avoir adoptée pour les forces de la défense entre Muzeray et le bois Le Prêtre ne pourrait pas être modifiée avantageusement au cours même du combat, en utilisant les 48 pièces qui n'ont rien à faire dans ce village.

Nous prendrons un seul épisode de l'attaque,

pour être plus bref, par exemple la marche générale en avant des deux divisions allemandes. Nous verrons quel en serait le succès si les Français avaient eu, dans cette journée bien néfaste pour eux, nous ne disons pas un *général*, nous n'avons pas la prétention d'avoir, nous-même, les inspirations du génie, mais un officier ayant simplement les premières notions des règlements dont la prévoyance ministérielle dote les troupes dans le temps de paix.

Avant tout, il faut se rendre compte des forces dont les Français disposent. D'après l'auteur allemand, la garnison de Muzeray, qui est loin d'être le point capital du champ de bataille, est de trois bataillons et 48 pièces. Nous trouverons encore au moins autant de canons répartis sur le reste de la position. Il y en aura donc en tout 96 au bas mot, soit le chiffre affecté à un corps d'armée. Ailleurs on voit 12 escadrons se sacrifier sur l'autel du tirailleur allemand, soit un chiffre supérieur à celui que comprend normalement un corps d'armée. Si donc l'on tient compte des proportions généralement admises pour les effectifs des différentes armes, les Français ont dû disposer le 18 août d'un corps d'armée au moins (le 3e corps).

Ayant à défendre un front de moins de 2,500 mètres convenablement organisé, ayant devant lui un glacis véritablement théorique, sans aucun accident de terrain, le général doit s'apercevoir qu'il le garnira bien facilement avec une seule division, il lui en restera donc une disponible tout entière, tant pour fournir la réserve générale que pour les missions éventuelles. Il doit connaître d'autre part ce principe classique : « Une défensive entièrement passive, laissant à l'assaillant la liberté absolue de ses mouvements, amènerait sûrement la défaite de la troupe qui l'emploierait exclusivement. »

Il peut, en toute sûreté, disposer d'une brigade au moins de sa division disponible et de toute sa cavalerie pour les contre-attaques qu'il trouvera l'occasion de tenter.

Si « impénétrable » qu'il ait paru aux escadrons allemands de la colonne de gauche, le bois Le Prêtre pourra peut-être masquer quelques bataillons. Au besoin, il y a à Billy et à Loison des haches et des bûcherons, ce n'est pas d'ailleurs le temps qui a manqué depuis la veille pour faire tout ce que l'on a voulu.

Maintenant, reprenons les mouvements de l'ennemi. Deux brigades allemandes déployées, avec leur artillerie derrière elles, sont en marche vers les positions de la défense, à 600 mètres, par exemple, de celle-ci. Une autre, à la gauche, est dispersée sur trois lignes, depuis Vaudoncourt jusqu'auprès du bois de Muzeray, la 4ᵉ arrive sur Vaudoncourt. Qu'arrivera-t-il si, débouchant soudain du bois Le Prêtre à quelques centaines

de mètres au sud de celui de Muzeray, une brigade française, vigoureusement conduite, marche
droit sur Vaudoncourt?

Masquant à droite les 4 escadrons allemands
avec les 12 dont elle dispose, prenant en flanc
et en grande partie à dos toute la 2ᵉ brigade, aura-
t-elle grand'peine à jeter un certain... désordre
dans ces lignes confuses, sans soutiens sérieux,
sans artillerie, et d'ailleurs battues de front par
toute la position défensive? Elle est à 1,000 mètres
de Vaudoncourt, à 1,500 des ponts qui sont la
seule ligne de retraite du corps allemand; elle peut
disposer de 8 escadrons tout au moins pour
balayer tout le terrain jusqu'à l'Othain. Elle n'a
rien à craindre sur sa gauche, rien sur sa droite
que flanquent 4 escadrons de cavalerie, pas un
canon devant elle, aura-t-elle grand'peine à percer
sur Vaudoncourt qu'elle peut atteindre en 10 minutes? Aura-t-elle grand'peine encore à replier
les unes sur les autres toutes les lignes d'infanterie
qui lui tournent à peu près le dos? Nous n'en
dirons pas davantage; insister serait puéril.......

LETTRE INÉDITE
DE M. LE GÉNÉRAL BOULANGER

SES OPINIONS TACTIQUES, COMMENTAIRES,

RENSEIGNEMENTS PARTICULIERS,

UN MOT INÉDIT DE M. LE PRÉSIDENT DE LA RÉPUBLIQUE.

PROJET ALLEMAND.

COMMENTAIRES ET CONCLUSIONS

Que l'on nous pardonne d'avoir, dans le cours de cette étude sommaire, rasé l'auteur allemand ; mais c'est que vraiment il était bien difficile de rester grave en présence du parti pris surprenant d'un ennemi à qui d'ailleurs nous voulons bien rendre une justice : c'est qu'il est trop intelligent pour être convaincu. Il aura voulu exalter le chauvinisme national, et il ne nous déplaît pas de le voir avouer ainsi tacitement que la confiance allemande a grand besoin d'être encouragée. Il a, dans ce but, employé des procédés un peu lourds, mais on fait ce que l'on peut, et tel ouvrage sérieux, pondéré et impartial, n'aurait peut-être pas été goûté et compris par les lecteurs à qui il s'adressait.

Mais nous reprendrons le sérieux qu'imposent et des événements récents et les incertitudes de l'avenir, pour dire à nos compatriotes, pour leur crier bien haut : « Confiance et espoir. » Point n'est besoin de prendre texte d'une soi-disant bataille aux environs de Cologne pour faire comprendre aux Français qu'ils sont toujours les Français que l'Europe a vus, ce siècle-ci, dans toutes ses capitales. Ce n'est pas en vingt ans qu'une nation se meurt, et ceux-là méritent d'être battus de verges en place publique qui disent que nous serons battus. Nos soldats sont excellents, notre armement ne laisse rien à désirer, notre artillerie est superbe et le moral de la France est supérieur encore à ses ressources matérielles. Haut les cœurs ! donc, devant ces menaces et ces mesquineries diplomatiques, devant ce débordement de haines, devant cette jactance qui s'affirme si haut et qui fait penser à ces poltrons chantant le soir à la traversée d'un bois pour tromper la peur.

Mais il nous plaît à nous de choisir notre heure et de patienter encore. Est-ce un signe de faiblesse? Pas le moins du monde, et le prince de Bismarck est plus clairvoyant à ce point de vue que M. Déroulède.

L'homme qui nous conduira et à qui on a reproché de n'avoir pas encore remporté quelques victoires pour s'affirmer comme stratégiste, le général Boulanger, le chef actuel de notre armée, n'a pas attendu l'heure critique pour envisager ce que sera la lutte prochaine.

Nous avons la bonne fortune d'avoir sous les yeux une lettre qu'*il* écrivait en octobre 1884, lorsqu'il commandait la division de Tunis, à un officier général de ses amis et *que nous devons à l'obligeance de ce dernier ;* nous ne résistons pas au désir de la citer textuellement, car elle prouvera que l'homme qui écrivait ces lignes n'est pas seulement l'administrateur que nous voyons tous les jours à l'œuvre.

« Le général H... lui avait, dans une lettre, assez
« longuement parlé des manœuvres qui venaient
« d'avoir lieu, et le général Boulanger lui répon-
« dait :

« Tout le mal vient de ce fait, qu'on a cru
« devoir calquer nos procédés tactiques sur les rè-
« glements allemands, sans tenir compte des diffé-
« rences de caractère. Le Français n'est lui-même
« que lorsqu'il se porte en avant, lorsque de toute
« l'impulsion de sa nature ardente, il se précipite
« tête baissée sur l'adversaire. Rien de plus diffi-
« cile (je l'ai vu en 1870), rien de plus contraire
« au tempérament de nos soldats que l'attente sur
« place. Avec les qualités natives de notre race,
« l'offensive s'impose, et c'est à elle qu'on reviendra
« fatalement, soit dans nos règlements, si on veut
« bien les reviser, soit dans la pratique le jour
« où de nouveau nous nous retrouverons sur les
« champs de bataille de 1870. Trop de troupes fu-
« rent, dans cette guerre insensée, immobilisées
« l'arme au pied, lorsque de leur choc le succès
« pouvait dépendre, et c'est là le plus grand ensei-
« gnement que nous devions tirer de cette cam-
« pagne où dans plusieurs circonstances graves
« l'initiative des chefs ne répondit pas à l'ardeur
« des troupes.

« Mon plus vif désir serait donc, en dépit des
« calculs de nos théoriciens en chambre, de voir
« reprendre dans l'armée les traditions d'autrefois.

« Qui empêche d'ailleurs de concilier cet esprit
« d'offensive avec les dispositifs qu'exigent le
« nouvel armement et la puissance actuelle du feu :
« je ne demande pas d'exposer de gaieté de cœur
« au tir de l'ennemi des masses profondes pendant
« cette période de préparation qui consiste à gagner
« du terrain à l'abri d'une chaîne de tirailleurs ;
« mais je voudrais qu'au moment de l'assaut, au
« moment décisif, une poussée formidable, irrésis-
« tible, surhumaine, se produisît à l'aide de ré-
« serves massées, de colonnes d'attaque puissantes,
« se substituant à ces cordons fragiles et désunis
« sur lesquels nous comptons trop actuellement.
« On verrait alors si nos bataillons français, mu-
« sique en tête, officiers en avant, et le feu au
« cœur, ne passeraient pas partout, comme ces gre-
« nadiers de la Grande Armée qui arrivaient sur
« l'ennemi sans avoir brûlé une amorce.

« Vous m'objecterez peut-être ces exemples ter-
« ribles de pertes subies par le feu rapide ; encore
« tout récemment ce régiment russe, le régiment
« de Kiew je crois, qui perdit en quelques minutes
« tous ses officiers et les trois quarts de ses
« hommes devant Plewna : je vous répondrai qu'a-
« près la défaite il en meurt bien plus encore sur
« les chemins et dans les prisons de l'ennemi. Et

« puis, la guerre d'aujourd'hui c'est la guerre sans
« merci ! ce doit être au besoin la moitié du pays
« qui se fasse tuer pour sauver l'autre, et il ne doit
« plus y avoir dans toutes les bouches qu'un seul
« cri : *En avant !*

« Vous me parlez aussi des services administra-
« tifs et des convois ; là-dessus, je pense que dans
« peu, etc., etc. »

Les idées que nous venons de voir exprimées avec
tant d'énergie, le général Boulanger voulut les réaliser dès qu'il fut ministre. On se rappelle ses paroles à
la suite des manœuvres du 18° corps l'année dernière, paroles dénaturées, mais sans succès. Elles
étaient le résumé des dispositions nouvelles qu'il
allait introduire dans notre tactique, et, lorsque la
commission chargée par lui de reviser dans ce
sens le règlement sur le combat, sa première
phrase fut celle-ci : *Seule l'offensive permet d'obtenir des résultats décisifs.*

Aujourd'hui ce règlement existe ; il est appliqué
depuis plusieurs mois ; il est connu de tous nos
cadres ; nous n'aurons pas à faire une nouvelle
école dans les plaines d'Alsace-Lorraine le moment
venu.

Que les Français se rassurent. Nous ne serons
pas les agresseurs au point de vue *politique*. Tout
dans notre manière d'être, d'observer et d'attendre
le prouve surabondamment. Au point de vue *stra-*

tégique, nous ne le serons peut-être pas non plus, car les entassements de troupes allemandes en Alsace-Lorraine démontrent suffisamment que la Prusse veut se jeter sur nous dès la première heure. Mais au point de vue *tactique*, c'est autre chose : l'Allemand peut être sûr que le 18 août 18... le généralissime français ne maintiendra pas immobiles devant lui des troupes pleines d'ardeur et qui sauront qu'elles combattent pour l'existence.

Pendant la période de paix, pendant ces derniers temps surtout, tout a été préparé pour que la mobilisation s'effectue au premier signe télégraphique avec ordre et rapidité. Lorsque la masse énorme de troupes qui constitue la presque totalité de l'armée nationale sera concentrée devant l'armée allemande, nous verrons passer, des paroles aux actes, l'homme énergique et décidé que l'échéance prévue de cette terrible rencontre n'effraye pas. Nous le verrons lancer l'un après l'autre nos régiments dans la mêlée, dans la fournaise, en communiquant à tous ce diable au corps du vieux temps. *Car celui-là, pendant que Canrobert était attaqué par le 10ᵉ corps et la garde royale, débordé sur sa droite par le corps saxon, disputait pied à pied les villages de Saint-Privat et de Roncourt et tuait à la garde prussienne six mille hommes en dix minutes. Tous les regards, dans cet héroïque sixième corps étaient tournés vers Metz. On croyait voir arriver à chaque instant Bourbaki et*

*la garde ; l'ennemi était épuisé par cette résis-
tance acharnée ; une attaque de ces troupes d'élite
et les Allemands étaient perdus, coupés de l'Allemagne par cet audacieux mouvement qui coupait
de Paris l'armée de Metz. Mais Bazaine empêcha
la garde de courir au secours de son aile droite
écrasée. Cette faute capitale, la Prusse sait bien
qu'elle ne sera pas renouvelée. D'abord il ne peut
plus se trouver en France un second Bazaine ; et
puis, le jour où l'Allemagne aura fait déborder la
coupe, il y aurait dans ce pays un frémissement
inconnu, une explosion d'autant plus violente
qu'elle aura été plus contenue, une soif ardente
d'en finir.*

Finissons par un mot que nous livrons à la méditation de nos ennemis de demain : Un Français, le
plus calme et le plus digne en même temps que le
plus grand de tous, le Président Grévy a dit, il y
quelques mois, lorsque d'un moment à l'autre nous
attendions une nouvelle invasion : *Si on nous
attaque, ce sera la guerre au couteau.*

Et que les Allemands ne se figurent pas que
la dernière circulaire confidentielle adressée au
15ᵉ corps et aux troupes d'infanterie d'Alsace-
Lorraine produira l'effet qu'ils en attendent. Nous
la connaissons et il est bon que nos compatriotes la
connaissent. Pour produire un effet moral considé-

rable dès la première rencontre, les corps allemands qui se trouveraient les premiers en face de nous seront munis d'un nombre de cartouches tel, 5 ou 600 par homme, qu'ils accableront nos soldats d'une véritable nappe de plomb. Sacs et *impedimenta* de toutes natures seront abandonnés provisoirement par les troupes de premier choc, et nos ennemis espèrent que les restes des bataillons français, ainsi décimés et presque anéantis, serviront de témoins pour provoquer une panique dans l'armée française.

« Quelle arme terrible que ce fusil à répétition », diront les fuyards de ces premières rencontres.

Eh non ! Français, cette arme n'est pas plus terrible que la nôtre et dans les rencontres suivantes les résultats seront ramenés à leurs proportions normales.

Paris. — Soc. d'imp. PAUL DUPONT, (Cl.), 58.4.87.

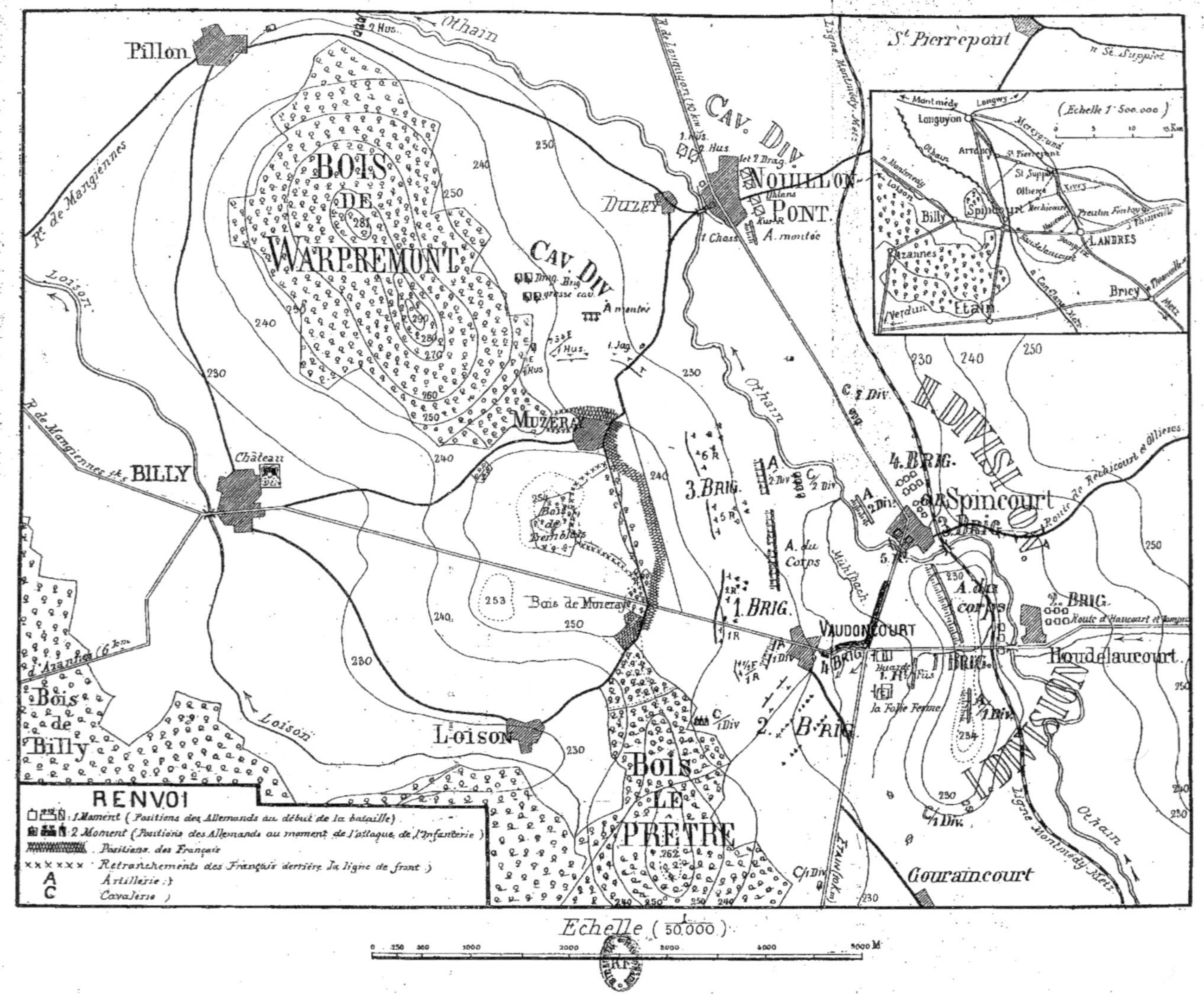

Pillon
Othain
2 Hus.
Othain
CAV. DIV.
St Pierrepont
" St Suppiet
1. Hus.
2. Hus.
Jer 2 Drag.
230
240
250
BOIS
DE
WARPREMONT
281
290
280
270
260
250
CAV. DIV.
Ding. Brig.
Grosse cav.
A montée
Duzey
NOUILLON-
PONT.
Uhlans
Kur.R
1. Chass.
A. montée
Rt de Mangiennes
Loison
240
230
Rt de Mangiennes frs
BILLY
Château
MUZERAY
Bois
de
Tremblois
240
Bois de Muzeray
253
240
250
230
d'Azannes (6 km.)
Bois
de
Billy
Loison
230
RENVOI
Loison
Bois
LE
PRETRE
262
250 250 240
230
Gouraincourt
3. BRIG.
6 R
5 R
A. du
Corps
Mühlbach
1. BRIG.
1R
1R
1A
2 Div
C/2 Div
C. 2 Div
II. DIVISI.
4. BRIG.
A 2 Div
Spincourt
3. Brig.
5.
A. du
corps
VAUDONCOURT
4. BRIG.
1 Div
la Folie Ferme
2. BRIG.
Route d'Haucourt et Lanpu..
Houdelaucourt
1. R. Hus.
A. 1 Div
254
C/1 Div
2. B. RIG.
C/1 Div
C/1 Div (10 km.)
230
Ligne Montmédy-Metz
Othain
250
240
220
(Echelle 1: 500.000)
Montmédy — Longwy
Longuyon Longwy
Mercy-grand
Arrancy St Pierrepont
St Suppiet
Othain
Loison
Olliers Livry
Spincourt Reckicourt Preutin Fontoy
LANDRES
Mazannes
Billy
Buzancourt
Verdun Etain
Briey Thionville
Echelle 1: 500.000
5 10 15 Km
Echelle (1/50.000)
0 250 500 1000 2000 3000 4000 5000 M.
RENVOI
1 Moment (Positions des Allemands au début de la bataille)
2 Moment (Positions des Allemands au moment de l'attaque de l'Infanterie)
Positions des Français
Retranchements des Français derrière la ligne de front)
A   Artillerie ;)
C   Cavalerie)

www.ingramcontent.com/pod-product-compliance
Lightning Source LLC
Chambersburg PA
CBHW051233030726
47595CB00003B/890